D1689787

Wir entdecken
DIE MILCH

Bilder: Jean Leesch
Text: Marcel Scheidweiler
Leitung: Gaston Zangerlé
Beratung: Raymond Weydert
Deutsche
Überarbeitung: Jürgen Bücker

Bücker-Fachverlag GmbH
Rheintalstr. 6
D-53498 Bad Breisig

ISBN 3-926333-05-7
Alle Rechte vorbehalten

1. überarbeitete deutsche Auflage 1996
© Éditions Saint-Paul, Luxembourg

Quellennachweis:
– Warum trinken alle Kinder Milch? - Catherine de Sairingné/Danielle Bour
– Die Welt entdecken - Otto Maier Verlag Ravensburg
– L'aventure du lait - Tetra Pak Nathan
– Naturgeschichte Band 1 - Verlag Paul Haupt, Bern
– Lange Strauß, Dobers: Biologie 5./6. Schuljahr - Hermann Schroedel Verlag KG
– Duden Band 1 - Dudenverlag
– Warenkunde Milchprodukte, CMA

Wir entdecken
DIE MILCH

Die Milch ein natürliches Produkt

Säugetiere bringen lebende Junge zur Welt, die während den ersten Wochen ihres Lebens von ihrer Mutter mit Milch genährt werden.

Der Mensch gehört ebenfalls zur Familie der Säugetiere.
Die Frau, die einem Kind das Leben schenkt, ernährt es nach der Geburt mit ihrer Muttermilch.

Von welchem Tier das Rind abstammt

Sehr früh haben die Menschen den hohen Nährwert der Milch erkannt. Auch wenn die Menschen in anderen Ländern Ziegen-, Schafs-, Esels-, Büffel-, Kamel- oder Pferdemilch trinken, so ist die Kuhmilch doch die am meisten verwendete Milch auf der Erde.

Seit mehr als 8.000 Jahren halten die Menschen das Rind als Haustier. Der Stammvater des Rindes ist der Ur- oder Auerochse, eine vor vielen Jahren lebende Rinderrasse.

Die Hörner der Urs waren sehr lang und nach oben gebogen. Der Körper war etwas gestreckt und die Beine kurz, jedoch kräftig.

Der letzte Ur wurde 1627 in Polen erlegt.
Es gelang, den Ur wieder aus dem Hausrind zu züchten.

Die Milch ist ein vollwertiges Nahrungsmittel

Ein Liter Milch enthält

Brennstoffe: Fett 36 g
Kohlehydrate 49 g (Milchzucker)

Baustoffe: Eiweiß 36 g
Mineralstoffe und Spurenelemente, z.B. Kalk und Phosphor 0,7 g

Reglerstoffe: Vitamine der Gruppen A-B-D-H

Trägerstoff: Wasser

1 Liter Milch wiegt 1030 g

Der Körper braucht alle Stoffe zugleich, um gesund zu bleiben.

Brennstoffe geben dem Körper Wärme und Kraft.

Baustoffe lassen den Körper wachsen und halten ihn am Leben.

Reglerstoffe wehren Krankheiten ab und regeln die Vorgänge im Körper.

Trägerstoff ist das Wasser; ohne Wasser ist kein Leben möglich.

Trinken wir jeden Tag Milch, so geben wir unserem Körper die notwendigen Bausteine, um ihn gesund zu erhalten und kräftig werden zu lassen.

Milcheiweiß ist hochwertig und gut verdaulich.

Milchfett ist gut bekömmlich.

Milchzucker ist verdauungsfördernd.

Milch ist ein wichtiger Vitamin- und Mineralstofflieferant.

Milch ist der wichtigste Calciumlieferant.

Weshalb die Kuh Milch gibt

Eine Kuh gibt erst dann Milch, wenn sie ein Kalb geboren hat. Die Milch wird im Euter gebildet. Das Kalb weiß instinktiv, wo es die Zitzen findet. Es kann sich bis 10 Monate lang von dieser hochwertigen Nahrung erhalten.

Es wächst schnell und wird kräftig.

Wenn das Rind etwas mehr als 2 Jahre alt ist, kann es sein erstes Kalb zur Welt bringen. Während 8 bis 10 Jahren gebärt die Kuh jährlich ein Kalb. Täglich gibt sie etwa 20 Liter Milch. Bevor das Kalb geboren wird, steht sie trocken, d.h. sie gibt keine Milch während dieser Zeit.

Was und wie die Kuh frißt

Heute hält der Landwirt die Kühe in modernen, sauberen Ställen. Er füttert sie mit Gras, Silagefutter, Heu, Kraftfutter.

Im Sommer frißt die Kuh bis zu einem Zentner (=50 kg) Gras auf der Weide und säuft etwa 60 Liter Wasser. Sie schluckt das Futter schnell hinunter, das in den Vormagen, den Pansen, gelangt. Dieser kann 100 Liter Nahrung fassen. Erst später wird das Futter noch einmal in das Maul zurückgestoßen. Die Kuh kaut es wieder, diesmal gründlich und langsam.

Weil die Rinder — so wie die Ziegen, Schafe, Rehe, Hirsche, Elche oder Rentiere — zweimal ihre Nahrung kauen müssen, heißen sie Wiederkäuer.

Drei weitere Mägen — der Netzmagen, der Blättermagen und der Labmagen — dienen dazu, die Nahrung umzusetzen und auszunutzen.

Der Dünndarm der Kuh kann 40 Meter lang werden.

Die lange, rauhe Zunge umschließt einen Grasbüschel. Sie drückt ihn gegen den zahnlosen Oberkiefer und die nach vorne stehenden unteren Schneidezähne. Mit einem Ruck reißt die Kuh das Grasbüschel ab.

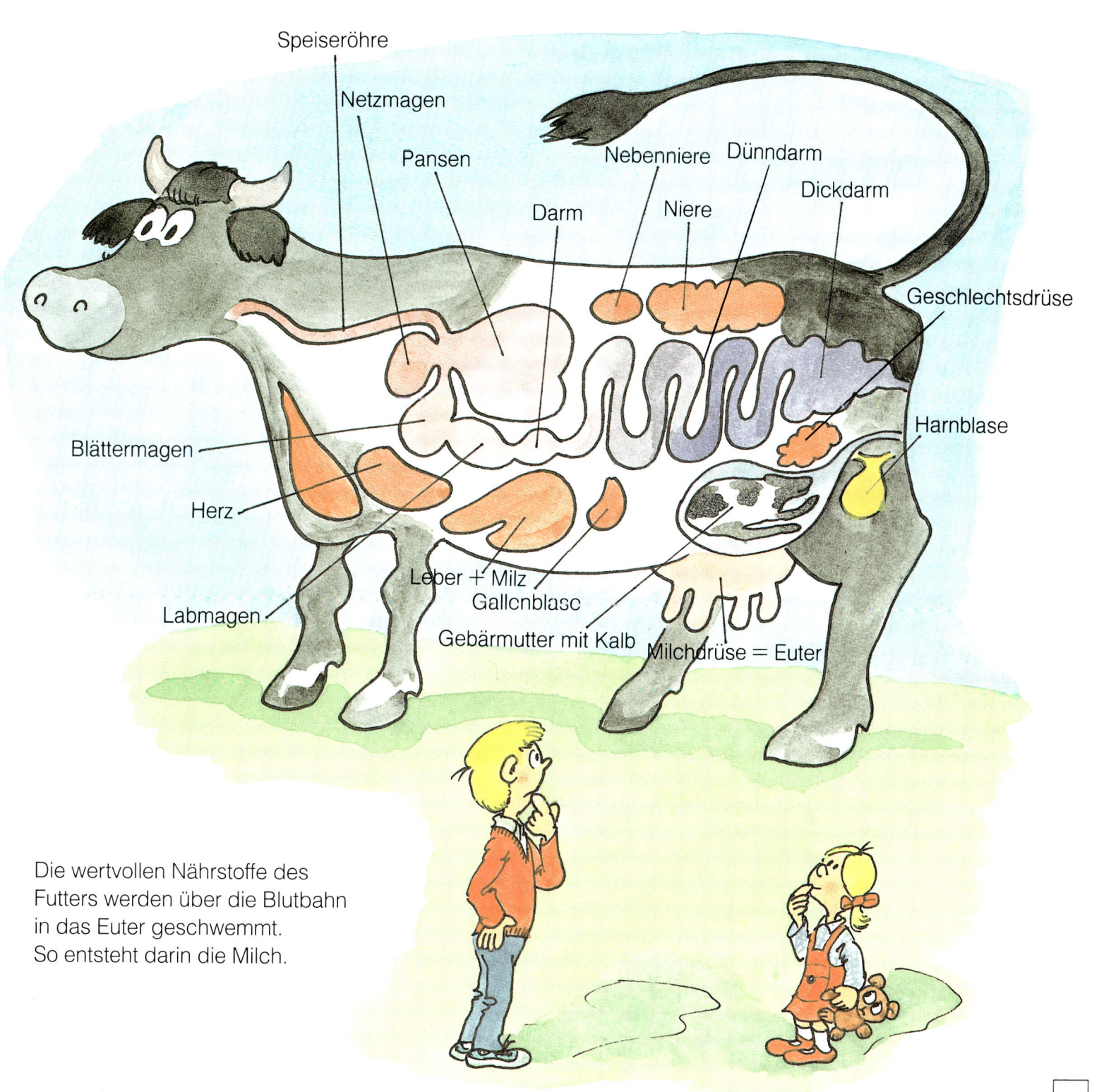

Die wertvollen Nährstoffe des Futters werden über die Blutbahn in das Euter geschwemmt. So entsteht darin die Milch.

Welche Rinderrassen es hier gibt

In Norddeutschland halten die Landwirte hauptsächlich schwarzbunte Kühe.

In Süddeutschland sind besonders **rotbunte** Kühe auf den Weiden. Daneben treffen wir verschiedene andere Rassen an.

Wie früher die Kühe gemolken wurden

Der Mensch will die Milch für seinen eigenen Gebrauch.

Früher molk er die Kühe mit der Hand, indem er die Zitzen vorsichtig nach unten zog und die Milch herauspreßte. Ähnlich machen die Kälber diese Bewegung, wenn sie am Euter saugen.

Der Bauer fütterte seine Kälber mit Mager- und auch Vollmilch.

Wie heute die Kühe gemolken werden

Im Stall oder auf der Weide werden die Kühe zweimal täglich in einem **Melkstall** gemolken.

— Die Kühe kommen gerne in den Melkstall, denn sie wissen, daß sie etwa 1 kg Kraftfutter in ihrem Trog vorfinden. Das Fressen beruhigt, und sie lassen sich gut melken.
— Der Melker wischt die Zitzen ab, reinigt das Euter und die Zitzen. Er hängt vorsichtig die Melkmaschine an.
— Die Maschine saugt die Milch aus dem Euter.
— Die Milch fließt durch eine Leitung in den Milchkühltank.
— Nach etwa 5 bis 7 Minuten ist der Melkvorgang abgeschlossen.
— Der Melker entfernt die Melkmaschine.
— Er desinfiziert die Zitzen, damit keine Entzündungen entstehen.
— Die Kuh verläßt den Melkstand.
— Der Melker sprüht den Boden mit Wasser ab, bevor die nächste Kuh hereinkommt.
— Er achtet auf peinliche Sauberkeit.

Wie die Milch zwischengelagert wird

Durch die Rohrleitung fließt die Milch in den auf 4° C gekühlten Tank. Die niedrige Temperatur ist wichtig, damit die Milch frisch bleibt und sich keine Krankheitserreger bilden.

Das Fassungsvermögen des Kühltankes ist dem Viehbestand des Betriebes angepaßt.

Wie die Milch in die Molkerei kommt

Früher wurde die Milch in **Kannen** gefüllt, die vom Milchwagen zur Molkerei transportiert wurden.

Hier wurde die Milch entrahmt, die meiste Magermilch in Kannen gefüllt und zum Hof zurückgebracht, damit der Bauer sie mit den Kälbern oder Schweinen verfüttern konnte.

Heute fährt an jedem zweiten Tag der Milchtankwagen vor und entleert den Milchkühltank.

Der Fahrer nimmt jedesmal eine Milchprobe, bevor er die Milch einsaugt. Diese Probe wird im Laboratorium der Molkerei auf Inhalt und Qualität untersucht.

Die Milch kommt nicht mehr in Berührung mit der Außenwelt.

Der Milchtankwagen bringt die Milch zur Molkerei.

Wie früher in der Molkerei gearbeitet wurde

Früher war in fast jedem Dorf eine Molkerei. Die Milch wurde in einer **Zentrifuge** entrahmt. In dieser Maschine dreht sich eine Trommel. Durch die Zentrifugalkraft werden die leichten Teile der Milch von den schweren getrennt.

Die Magermilch, der schwere Teil, bekam der Bauer, um die Kälber und Schweine damit zu füttern oder es wurde Quark daraus gemacht.

Der Rahm, der leichte Teil, diente zur Butterherstellung. Er wurde ins **Butterfaß** gegossen und hier so lange geschlagen, bis sich die Buttermilch von der Butter trennte. Wenn es im Faß polterte, war die **Butter** fertig.

Es gab Stoßbutterfässer und Drehbutterfässer.

Die Flüssigkeit, die sich unten im Faß ansammelt, ist die Buttermilch. Die festen Fettbestandteile kleben zusammen und bilden die Butter.

Wie heute in der Molkerei gearbeitet wird

Die Milch wird **untersucht**, bevor sie verarbeitet wird.

Es wird festgestellt, ob sie sauber ist, ob die Inhaltstoffe richtig sind und die Qualität stimmt. Wichtig ist der Fettgehalt der Milch.

In großen, von Elektromotoren angetriebenen **Zentrifugen** wird ein Teil der Milch entrahmt.

Was pasteurisierte Milch ist

Um die Bakterien größtenteils abzutöten, wird die Milch **pasteurisiert**.

Louis Pasteur (1822-1895) war ein französischer Wissenschaftler, der herausfand, daß man schädliche Mikroben durch Erhitzen abtöten kann.

Die Milch wird während mindestens 15 Sekunden schonend erhitzt und sofort auf 4°C abgekühlt.

Die Milch behält so ihren Nährwert und ihren guten Geschmack.

Bei 5°-6°C aufbewahrt, hält sie sich viele Tage lang.

Was homogenisierte Milch ist

Vollmilch enthält 3,5% Fett; teilentrahmte (fettarme) Milch 1,5% Fett und entrahmte Milch (Magermilch) 0,3% Fett.

Fügt man der Magermilch Fett hinzu, so schwimmt dieses auf der Milch, weil es leichter als die Milch ist. Um das zu vermeiden, preßt man das Fett unter hohem Druck durch sehr feine Düsen. Die jetzt winzigen Fetteile schwimmen schön verteilt in der Milch. Sie steigen nicht mehr an die Oberfläche, weil sie zu klein sind.

Die Milch ist homogenisiert, d.h. **das Fett ist gleichmäßig verteilt**. Dies ist auch besonders gut für die Verdauung.

Was H-Milch ist

Die Milch wird während 2 Sekunden auf 140°C erhitzt (ultrahocherhitzt) und auf 20°C abgekühlt. Sie ist jetzt keimfrei. Sie wird sofort in eine Spezialverpackung gefüllt. Sie hält sich 3 Monate ohne Kühlung. Sie behält ihre Vitamine und ihren Nährwert.

H-Milch ist also eine lang haltbare, vollwertige Milch. Sie bleibt auch ohne Kühlung haltbar, schmeckt kalt aber besser als warm.

H-Produkte gibt es auch als Kakao, Milchmixgetränke und Desserts aus Milch.

Welche Sorten Milch es noch gibt

Sterilisierte Milch wird auf 120°C während etwa 15 Minuten erhitzt. Dadurch werden die Bakterien getötet. Aber der Geschmack, die Farbe, die Eiweißstoffe, die Vitamine der Milch werden verändert. Die Milch verliert an ihrem Nährwert.
Sie ist ein Jahr lang haltbar.

Kondensmilch: Diese Milch ist sterilisiert, und es wird ihr durch Vakuum ein Teil des Wassers entzogen.

Sie kann sehr lange konserviert werden. Es gibt gezuckerte und ungezuckerte Kondensmilch.

Trockenmilch entsteht, wenn der Milch der Großteil des Wassers entzogen wird. Es bleiben nur 4% Wasser übrig.

Wie die Milch verpackt wird

Pasteurisierte Milch ist in Glasflaschen, Kunststoffflaschen, Kartons oder Plastikbeutel abgepackt. Welche Verpackung besser oder umweltfreundlicher ist, weiß man nicht so genau. Die Vor- und Nachteile heben sich ungefähr auf.

Wo die Milch aufbewahrt werden soll

Die Frischmilch sowie die geöffnete H-Milch müssen im **Kühlschrank** bei einer Temperatur von 5°C aufbewahrt werden.

Wohin mit der Verpackung?

Wenn Du deine Milch getrunken hast, wirf die Einweg-Verpackung in die gelbe Tonne oder in den gelben Müllsack. Sie wird dann für andere Produkte wiederverwertet. Flaschen gibst Du gegen Pfand zurück.

Wie früher die Leute die Dickmilch verwerteten

Die Vollmilch wurde in einem irdenen Topf an einen warmen Ort gestellt. Nach einem Tag war sie meistens sauer. Es entstand eine dicke Gallerte. Die Milch war jetzt geronnen, sie war dick geworden.

Die Dickmilch wurde zusammen mit Kartoffeln von der ganzen Familie als Abendessen verspeist.

Wie die Butter heute hergestellt wird

Der pasteurisierte Rahm wurde früher in einem Butterfaß zu Butter geschlagen.

Um 1 Pfund Butter herzustellen, braucht man den Rahm von 11 Litern Milch.

Heute geschieht dies in einer kontinuierlich arbeitenden Butterungsmaschine.

Es gibt Markenbutter und Molkereibutter in den Sorten Süßrahmbutter, Sauerrahmbutter und mildgesäuerte Butter.

Wie die Butter verpackt wird

Die Verpackungsmaschinen packen die Butter in Pakete. Deren Kennzeichnung ist genau vorgeschrieben. Auch Butter enthält viele Vitamine und Mineralstoffe.

Zum Kochen und Backen gibt es Butterschmalz, also Butter, die keinen Wassergehalt mehr hat.

In der Molkerei ist alles blitzblank. Hygiene ist erstes Gebot. Die Angestellten, die die Maschinen überwachen, tragen alle weiße saubere Kleider und haben den Kopf mit einer Mütze bedeckt. Auch werden sie regelmäßig von einem Arzt auf ihre Gesundheit untersucht.

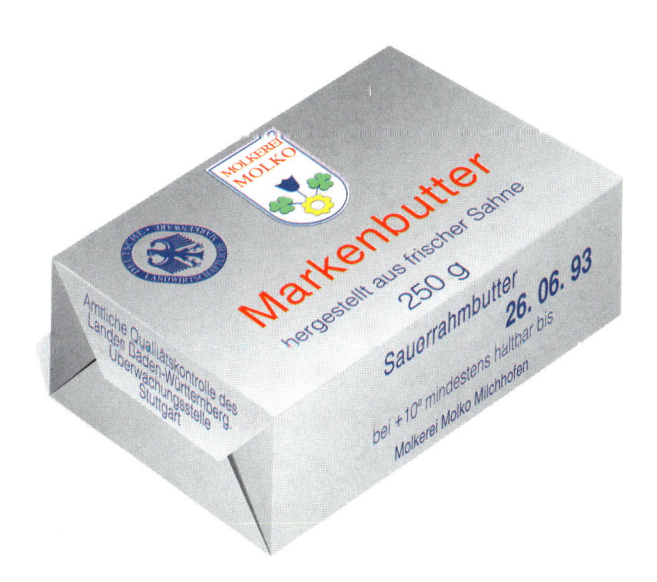

Wie früher Käse zubereitet wurde

Früher stellten die Bauern ihren Käse selbst her.

Die Magermilch wurde in einen irdenen Topf geschüttet und an einen temperierten Ort gestellt. Die Milch wurde zu einer dicken Gallerte, wenn die Säuerung abgeschlossen war. Jetzt setzte sich die Molke ab. Die Gallerte wurde geschnitten und in ein Tuch geschüttet, damit die Molke abtropfen konnte.

Der gewonnene Käsestoff wurde mit Vollmilch oder Rahm angerührt. Bis auf Frischkäse mußten die in Formen gepreßten Käse mehrere Monate reifen.

Auch die Molke enthält noch viele wertvolle Nährstoffe.

Wie Frischkäse hergestellt wird

Zum Frischkäse gehören Speisequark, Schichtkäse und körniger Frischkäse. Diese Käse müssen nicht reifen und werden frisch verzehrt. Pasteurisierte Milch wird durch Milchsäurebakterien gesäuert und dickgelegt. Frischkäse gibt es in verschiedenen Fettstufen vom Magerquark bis zum Rahm- und Doppelrahmfrischkäse oder als Frischkäsezubereitung mit Kräutern, Gewürzen, Frucht oder sonstigen leckeren Zutaten.

Wie heute Käse hergestellt wird

In der Molkerei werden der erwärmten Milch Lab und Reifungskulturen beigefügt.

Das Lab ist ein natürliches Ferment. Es bewirkt, daß die Milch gerinnt, dick wird, ohne sauer zu werden.

Der Käsestoff wird in Formen gefüllt und gepreßt, damit die Molke herausläuft. Er wird dann in ein Salzbad gelegt und anschließend in den Reifungsraum gebracht. Dort herrscht eine Temperatur von 15°-20°C. Langsam reift der Käse und bildet eine feste Rinde.

Nach einigen Wochen ist der Schnittkäse fertig.

Wie kommen die Löcher in manche Käsesorten?

Es werden der Milch spezielle nützliche Bakterien zugegeben, die einen kleinen Teil der Inhaltsstoffe zu Gasen verarbeiten und den Käse aufblähen.

Was noch alles aus der Milch hergestellt wird

Süße Sahne und saure Sahne, Schmand, Crème double und Crème fraîche werden in der Küche zur Verfeinerung der Speisen gebraucht.

Joghurt entsteht, wenn man besondere Milchsäurebakterien der pasteurisierten Milch zusetzt. Der Milchzucker wird in Milchsäure umgewandelt und das Milcheiweiß gerinnt. Die saure Milch heißt jetzt Joghurt.

Im Handel erhält man Naturjoghurt und Fruchtjoghurt.

Kefir entsteht ähnlich wie Joghurt, aber nicht mit Hilfe von Bakterien, sondern durch Zugabe von Hefen.

Außerdem gibt es bei den Sauermilchprodukten **Buttermilch**, **Reine Buttermilch**, **Dickmilch** und **Sauermilch**.

Besondere Leckereien sind **Desserts**, **Puddings** und **Milchreis**.

Speiseeis ist eine Mischung von Sahne, Milcheiweiß, Zucker, Vanillezucker. Das Ganze wird zu Schaum geschlagen. Früchte oder Schokolade werden beigemengt, und man läßt das Ganze bei niedrigen Temperaturen gefrieren.

Speiseeis wird aus Vollmilch, Rahm, Magermilch und etwas Dickungsmittel hergestellt.

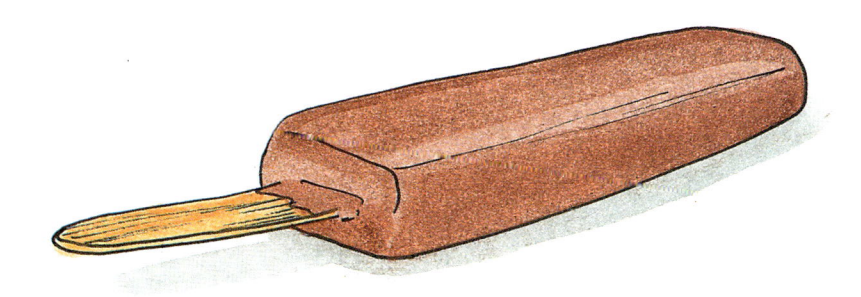

Pudding: Milch und Zucker werden gekocht, mit Puddingpulver und kalter Milch vermischt und nach dem Erkalten nach Wunsch mit Schlagsahne oder Früchten garniert.

Schokomilch wird von den Schulkindern in der Pause sehr gerne getrunken. Es ist Milch, der man Schokolade beigefügt hat.

Trockenmilch: Aus der Magermilch wird auch Trockenmilch (Milchpulver) als Futter für Kälberzucht und als Zugabe zu anderen Lebensmitteln hergestellt.

Das Kasein wird in der Industrie zur Herstellung von Malerfarben, Klebemittel, Kunsthorn und photographischem Papier verwendet.

Eine kleine Auswahl aus 500 verschiedenen Käsesorten

Camembert

Blauschimmel-Käse

Edamer

Gouda

Chester

Parmesan

Hartkäse/Bergkäse

Edelpilzkäse

Tilsiter

Emmentaler

Kochkäse

Außerdem gibt es viele Spezialitäten wie z.B. Harzer, Schmelzkäse, Limburger, Romadur, Weichkäse, Münsterkäse und Brie.

Einige schwere Wörter sollen hier erklärt werden:

Bakterie ist ein winziges Lebewesen, das nur aus einer Zelle besteht. Du kannst sie nur mit dem Mikroskop erkennen. Es gibt kugelförmige und stäbchenförmige Bakterien.

Blättermagen: Wenn die Kuh ihr Futter zum zweitenmal gekaut hat, gelangt die Nahrung in den Blättermagen. Die Rückwand dieses Magens trägt viele große Hautfalten oder Blätter. Die Falten quetschen die überschüssige Flüssigkeit aus dem Speisebrei. Der Blättermagen ist der dritte Magen der Wiederkäuer.

Celsius war ein schwedischer Astronom (1701-1744), der die Temperaturskala in 100 Wärmegrade vorschlug. 0° C ist der Gefrierpunkt und 100° C ist der Siedepunkt des Wassers.

Ferment ist eine organische Eiweißverbindung, die den Stoffwechsel im Körper fördert. Die Fermente heißen auch Enzyme und werden von lebenden Organismen gebildet.

Gallerte ist eine durchsichtige, steife Masse aus eingedickten pflanzlichen oder tierischen Säften.

Lab ist ein Ferment im Labmagen des Kalbes, das bewirkt, daß die getrunkene Milch gerinnt.

Labmagen: Im Labmagen beginnt die eigentliche Verdauung, d. h. die Nährstoffe werden zerlegt. Der Labmagen ist der 4. Magen der Wiederkäuer.

Mikroben: Kleinstlebewesen, die zuerst 1683 mit dem Mikroskop gesehen wurden. Bakterien sind Mikroben.

Molke ist die Milchflüssigkeit, die übrigbleibt, wenn Käse hergestellt wird. Wir bezeichnen in der luxemburgischen Sprache die Molke als Wässech, Wässeg.

Netzmagen ist der zweite Magen der Wiederkäuer. Aus dem gefüllten Pansen treten nach und nach kleine Futtermengen in den Netzmagen über, wo sie zu kleinen Klößen geformt werden. Diese Klöße werden zurück in das Maul gestoßen. — Die Innenwand des Netzmagens sieht wie ein Netz aus.

Pansen: Das Futter gelangt zuerst beim Wiederkäuer in den Pansen. Hier wird es eingeweicht und nur wenig zersetzt.

Stoffwechsel: Unter diesem Begriff versteht man alle Vorgänge in deinem Körper, die dazu dienen, daß dein Körper sich erhält, größer wird und Energie (Kraft) gewinnt.

Vakuum ist ein nahezu luftleerer Raum.

Vitamine sind Stoffe, die alle Lebensvorgänge aufrechterhalten helfen.

Zentrifugalkraft oder Fliehkraft wirkt vom Mittelpunkt wegstrebend.

Jetzt kannst Du kontrollieren, was Du von der Milch weißt

1. Wie und womit werden die Jungen der Säugetiere in den ersten Wochen ihres Lebens ernährt?
2. Wie heißt der Stammvater des Rindes?
3. Zähle die 4 wichtigsten Bestandteile der Milch auf!
4. Weshalb gibt eine Kuh Milch?
5. Wieviel Gras frißt eine Kuh und wieviel Liter Wasser säuft eine Kuh täglich?
6. Wie viele Mägen hat eine Kuh?
7. Welche Rinderrassen gibt es besonders in Luxemburg?
8. Wie wurden die Kühe früher gemolken?
9. Wie werden die Kühe heute gemolken?
10. Auf wieviel Grad muß die Milch gekühlt werden, damit sie frisch bleibt?
11. Wie kam die Milch früher in die Molkerei?
12. Wieviel Liter faßt der Milchtankwagen?
13. In welcher Maschine wird die Milch entrahmt?
14. Worin wurde früher die Butter hergestellt?
15. Weshalb wird die Milch im Laboratorium der Molkerei untersucht?
16. Was verstehst Du unter den Ausdrücken pasteurisiert und homogenisiert?
17. Auf wieviel Grad wird H-Milch erhitzt?
18. Wie kann man aus Trockenmilch wieder eine vollwertige Milch machen?
19. Aus welchem Kunststoff ist die Verpackung der Milch?
20. Wohin mit der leeren Milchpackung?
21. Worin wird die Butter heute hergestellt?
22. Worauf wird bei der Verarbeitung der Butter besonders geachtet?
23. Welche Käsesorte wird besonders in unserem Land hergestellt?
24. Wie wird Brach hergestellt?
25. Was ist Molke?

Inhaltsverzeichnis — Was Du in diesem Büchlein findest

	Seite
Die Milch ein natürliches Produkt	2
Von welchem Tier das Rind abstammt	3
Die Milch ist ein vollwertiges Nahrungsmittel	4
Weshalb die Kuh Milch gibt	5
Was und wie die Kuh frißt	6
Wie es in einer Kuh aussieht	7
Welche Rinderrassen es in Luxemburg gibt	8
Wie früher die Kühe gemolken wurden	9
Wie heute die Kühe gemolken werden	10
Wie die Milch zwischengelagert wird	11
Wie die Milch in die Molkerei kommt	12
Wie früher in der Molkerei gearbeitet wurde	14
Wie heute in der Molkerei gearbeitet wird	15
Was pasteurisierte Milch ist	17
Was homogenisierte Milch ist	18
Was UHT-Milch ist	19
Welche Sorten Milch es noch gibt	20
Wie die Milch verpackt wird	21
Wo die Milch aufbewahrt werden soll — Wohin mit der Vepackung?	22
Wie früher die Leute die Dickmilch (Brach) verwerteten	23
Wie die Butter heute hergestellt wird	24
Wie die Butter verpackt wird	25
Wie der weiße Käse zubereitet wird	26
Wie der Kochkäse zubereitet wird	27
Wie Schnittkäse hergestellt wird	28
Was noch alles aus der Milch hergestellt wird	29
Jedes Land hat seine Käsespezialitäten	31
Einige schwere Wörter sollen hier erklärt werden	32
Anhang:	
Jetzt kannst Du kontrollieren, was Du von der Milch weißt	33
Inhaltsverzeichnis: Was Du in diesem Büchlein findest	34